Edelsteine

Worte von
Hermann von Bezzel

Verlag der St.-Johannis-Druckerei C. Schweickhardt
Lahr-Dinglingen (Baden)

ISBN 3 501 00474 5

7. Auflage, 41.-46. Tausend
Gesamtherstellung:
St.-Johannis-Druckerei C. Schweickhardt
7630 Lahr-Dinglingen
Printed in Germany 6478/1976

Von der Liebe

Verstehen können wir es nie, begreifen werden wir es nie, aber anbeten wollen wir es, und danken dürfen wir es ihm: Jesus hat mich geliebt.

Seht, weil der Herr Christus auch die Qual der Gottverlassenheit drei Stunden hindurch getragen hat, die ihm wie eine Ewigkeit waren, darum hat die Freundschaft mit seinem Vater die letzte, heißeste, schwerste Probe erfahren, er hat alles in Gehorsam vollbracht. „Seht, welch eine Liebe!"

Gott ist die Liebe, die ewige Freundlichkeit für jeden. Und weil Gott die Liebe ist, darum wendet er sich an dich; weil er dir in Christus sein Herz erschlossen, darum will er von dir etwas, und wenn du fragst: „Herr, was willst du, daß ich dir tun soll?", antwortet er dir: „Gib mir, mein Kind, dein Herz!"

Hoch über den Wettern steht das Wort der ewigen Erbarmung, und mitten unter dem Gewölk, das finster graut, leuchtet der Bogen seines Friedens.

Die Liebe Jesu Christi ist nicht vornehme, ermattende Herablassung, daß wir bei jedem Zug die Nötigung, bei jedem Wort den Zwang spüren. Die Liebe Christi ist nicht erbrachte, erkünstelte Leutseligkeit und Freundlichkeit, die frostig wie des Mondes kalter Strahl auf die Erde gleitet. Die Liebe Christi ist Frühlingssonne, Frühlingsgnade, daß auch die schüchterne Knospe sich zutage wagt und das schüchternste Gräslein sich der Sonne freut und zugibt: Die Liebe Christi ist ohne Ende.

Über Berg und Tal schwingt sie ihre Flügel, die große, allbelebende Barmherzigkeit Gottes, die ihre Höhe am Kreuz erreicht hat, dort auf Golgatha, wo eine ganze Welt gesehen hat, daß es ein Opfer für uns sei. Würde Gottes Liebe nicht ein Opfer sein, so würde sie für uns nichts bedeuten als eine freundliche Herablassung. Aber sie wäre uns nicht Sterbensstärke und Ewigkeitshoffnung. Darum ist die Barmherzigkeit Gottes ein fortgesetztes Tun, ein Opfer bis auf diesen Tag.

Dein Leben wird eintönig, graufarbig und bedrückt und deine Arbeit mißmutig und ohne Freude, und der Pfahl im Fleisch weicht nicht; der Herr treibt ihn in dein Leben tiefer und härter ein, und auf einmal, wo du es am wenigsten meinst und es am meisten bedarfst, kommt in dein Leben die Erkenntnis: Ja, jetzt sind es Liebesschläge, womit er mich schlägt, und dann jauchzt dein Leben: Der Herr denkt an mich und segnet mich, segnet mich nicht bloß mit dem Leid, sondern in dem Leid.

Die Liebe hat allzeit ein helles Angesicht; auf ihrer Stirne steht nicht die Laune, und um ihren Mund wohnt nicht der Spott. Ihr Auge blickt immer freundlich in die Welt. Nie spricht sie: Ich bin müde; nie redet sie: Du kommst mir zu oft; nie weiß sie etwas von der Klage, daß ihr an Zeit gebreche.

Ein einziges „Grüß Gott", in das ein Herz gelegt ist, ein einziges „Behüt dich Gott", in das deine Liebe hineingeliebt ist, ein einziger Händedruck, der aus dem Innersten kommt, bedeutet alles, während hohe Reden ohne Liebe nichts bedeuten.

So unentbehrlich ist die Liebe, daß sie das kleinste Werk adelt und das größte ohne sie verarmt. So unentbehrlich ist die Liebe, daß sie das unscheinbarste Wort zu einer Größe erhebt und das größte Wort in Unscheinbarkeit versinken läßt. Die Liebe hat nicht hohe Reden, mächtige Verzeichnisse, lange Listen ihrer Großtaten, sie befiehlt ihre Sache dem Herrn und schweigt über das, was sie tut. Die Linke läßt sie nicht wissen, was die Rechte vollbracht.

Gott lieben ist leicht, weil man das mit Redensarten kann, weil man leichthin sagt: mein lieber Gott, weil man mit einer gewissen Gefühlsregung einige Tränen ins Auge pressen kann, wenn man an Jesu Leiden denkt. Gott lieben ist leicht, weil die Entfernung zu ihm von uns so weit ist. Da läßt sich's leicht reden, aber Gott will eben in Persönlichkeiten geliebt sein. Gott will in denen geliebt sein, die sein Sohn erlöst hat.

Je mehr wir lieben, desto froher werden wir. Keine Welt kann dich aus der Liebe werfen, kein Höllenabgrund von Christus treiben; nur ein einziger kann es, das bist du selbst.

Glaube mir, in deiner Sterbensstunde reut es dich nicht, wenn du Liebe geübt, Verzeihung erzeigt, Erbarmen erwiesen hast; da quält es dich nicht, wenn du 70mal 7mal immer wieder verziehen und vergeben hast. Aber wenn du einmal nicht vergeben hast, das ist wie ein Stein vor der Himmelstür.

Nimm dir heute einen Menschen in deiner Umgebung, dem du ausgewichen bist, der dir schwer war, dessen Name dir schon Unbehagen erweckte, nimm ihn in dein Herz und Gebet; am anderen Morgen erscheint dir dieser Mensch schon in ganz anderem Licht, und in den nächsten Wochen kannst du ihn freundlich ansehen, ihm die Hand reichen und ein freundliches Wort sagen - er weiß nicht, warum du auf einmal dich so gegen ihn zeigst. Dein Gott weiß es.

Die Liebe, mit der man Gott in Christus und seine Nächsten um Christi willen liebt, führt durch alle Welt und Zeit, durch Leid und Not, durch Tod und Todesgrauen dahin, wo alle Strahlen zur Sonne heimkehren, zur ewigen Sonne der heiligen Jesusliebe, die alle Menschen, die geliebt haben, in sich versammelt. Alle Wasser fließen zum Meer, und doch wird es ihrer nimmer voll. Liebt, und ihr werdet leben; lebt, damit ihr lieben könnt! Die Liebe wird euch durchretten; sie hört nicht auf und läßt den nicht aufhören, der sie übt.

Erlösung und Heiligung

Freiheit ist, daß ich mich mit Leib und Sinn ergebe dem, der mich erlöst hat, nicht mit Gold oder Silber, sondern mit seinem unschuldigen Leiden und Sterben, nicht weil ich mich ihm ergeben muß - ich könnte mich heute noch einem anderen erschließen -, sondern weil ich mich ihm ergeben will. Freiheit ist die innere, ernstliche Willigkeit, sich Jesus zu eigen und zu Dienst zu geben.

Von der Zeit fürchten wir nichts mehr, denn die hat der Heiland erlöst. Von den Menschen fürchten wir auch nichts mehr, sie können uns nur so viel schaden, als uns gut ist. Wir fürchten uns auch nicht vor der Hölle, die hat mein Heiland längst überwunden. Vor wem sollen wir uns dann fürchten? Ich fürchte mich nicht vor Hölle, Welt und Sünde! Ich fürchte mich nur vor mir selbst, daß ich untreu bin, meinen Herrn verlasse. Es gibt keinen größeren Feind des Menschen als das eigene Ich.

Du hast das allertraurigste Vorrecht, du kannst die Passion Jesu mit einem einzigen Nein zuschanden machen. Du kannst, was der Karfreitag mit seinem Wort „Es ist vollbracht!" geschenkt hat, mit einer Handbewegung zerstören; denn der Mensch ist stärker als Jesus. „Wie oft habe Ich dich gewollt, und du hast mich nicht gewollt!"

Wir können nicht ändern, daß böse Gedanken in unserem Herzen aufsteigen; aber du sollst und mußt es hindern, daß böse Gedanken heimisch werden, deine Kraft lähmen, deine Phantasie verderben, deinen Willen entkräften.

Jetzt, in der Vollkraft des Lebens, da wir noch gern und viel arbeiten können, da das Auge hauptsächlich in die Zukunft sieht, jetzt, da wir noch Energie und Willen haben, jetzt laßt uns opfern ein lebendiges Opfer, „das da heilig und Gott wohlgefällig sei", heilig, nicht weil wir heilig wären, sondern weil wir heilig werden sollen, sündlos, weil wir mit der Sünde brechen wollen! Das gefällt dem Herrn, wenn ein Jüngling seine Kraft in den Dienst des Herrn stellt und eine Jungfrau ihre Gabe und eine Frau ihre Tätigkeit treu dem Heiland ergibt.

Wer sein Herz nicht mit allem Fleiß bewahrt, in dessen Tiefe wuchern allerlei furchtbare, grausame, schwere Gedanken, die nur die Stunde erwarten, wo sie ins Wort ausschäumen und in die Tat sich ausheben können. Wir kommen mit stumpfen Waffen in den großen, ernsten Streit - wo nicht mit Fleisch und Blut, sondern mit unheimlichen Gestalten und Gewalten zu kämpfen ist -, wenn wir nicht täglich unser Herz in die Zucht des heiligenden Gottesgeistes begeben und ihn anrufen: Mache mich stark!

Weißt du, o Gott, noch einen Ort in meiner Seele, den ich liebe, der mich tötet; weißt du noch einen Zug in meinem Wesen, den ich pflege, der mir Verderben ist, - dann schneide ein und greife zu und schlage weiter und verdirb es bis aufs Blut; aber mache mich selig! So müssen wir die Heimsuchungen und Anfechtungen von Gott her nehmen. Der himmlische Weingärtner reinigt die Rebe da, wo sie am empfindlichsten ist, an Ehre, an Gut, an Liebe zum eigenen Ich, an Selbstsucht und Selbstgefälligkeit.

Bekenntnis und Glaubenskampf

Der ist des Feindes Beute, der keinen festen Standpunkt hat; wer aber einen Standort unter dem Kreuz Jesu hat und spricht: „Ich weiß, an wen ich glaube!" vor dem flieht er. Wer nur von Anschauungen redet, wer nur von Meinungen spricht, wo man Wirklichkeit haben muß, der ist seine Beute. Wer aber spricht: „Ich weiß, daß mein Erlöser lebt!" und wer diesen seinen Jesus zum Beistand hat und anruft, dem wird der Feind nichts machen.

Solange das Bekenntnis zu Jesus Spott, Hohn, Haß erfährt, werden Männer aufstehen, die sich lieber zermalmen lassen, als daß sie einen Zoll preisgeben von dem Bekenntnis. Haß und Spott erwecken die seligste, die größte Kraft: Ich will bei dir bleiben, bis mir das Herze bricht!

Lieber etliche Treue als ein großer Troß von Halben; lieber etliche, die durch Not und Tod Treue halten, als die vielen Mitläufer, die zur Zeit der Not weichen.

Dort kommen die Wellen, hört ihr sie rauschen: Weg mit dem Christengott! Dort brausen die Stürme, hört ihr sie nahen: Weg mit dem alten Kreuz! Und dort steht ein einsamer Mann, betend und ringend: Erhalt uns, Herr, bei deinem Wort! Mit Gott sind wir in der Mehrheit; niemand soll uns scheiden.

Es ist nicht wahr, daß religiöse Dinge neutral sind. Und wenn noch so viele Menschen sagen: „Über Religion sage ich nichts, es sind mir gleichgültige Dinge, da hat jeder seine Anschauung", so irrst du dich. „Wer nicht für Mich ist, der ist wider Mich."

Wir wollen nicht leichte Fahrt, stille See, freundliche Sonne, wir wollen nur Rettung. Wir begehren nicht das Ende der Fahrt; fahre weiter, und wenn die Wellen noch so hoch gehen, aber laß uns erkennen, daß Du uns rettest!

Der Name Jesus ist ein festes Schloß. Sie haben es mit stürmender Hand nehmen wollen, aber sie sind alle zerbrochen; sie haben eine Leiter anlegen wollen, sie ist geborsten; doch der Fels ist geblieben. Der Name aber hat seine Treuen bereichert, beseligt, begnadigt, so daß sie auch die Weltweisheit überwanden.

Ihr könnt nicht alle Worte, die gegen Jesus sind, austilgen, nicht alle Lehren, die gegen ihn sind, bekämpfen, und sollt es auch nicht. Sondern ganz einfach: „Ihr werdet Meine Zeugen sein" in eurem Beruf, in eurem Stand, und je ernster ihr es mit ihm nehmt, je treuer ihr im kleinen seid, desto mehr wird von euch Licht und Kraft ausgehen bis an das Ende der Erde.

Es gibt nichts Jämmerlicheres, als Mitleid mit sich selbst zu haben. Das ist der Schwächling, der Charakterlose, das ist der arme Mensch, der um Mitleid wirbt, statt daß er die Hindernisse mit stürmender Hand überwindet.

Die höchste und seligste Pflicht meines Lebens ist: Jesus anbeten. Ich weiß, daß viele sagen: „Das ist Abgötterei; angebetet wird nur Gott!" O wenn ich nicht mehr sagen darf: „Christe, der du trägst die Sünde der Welt, erbarm dich mein! - Du bist allein der Herr, du bist allein der Höchste, Jesu Christe!", dann hat mein Leben keinen Sinn. Wenn ich ihm nicht mehr für alles, was er mir durch mein ganzes Leben gewesen und geworden ist, meinen armen, anbetenden Dank zu Füßen legen darf, dann ist er für mich umsonst gewesen.

Ihr Kleingläubigen - aber doch Gläubige! denn ihr weckt mich, ihr ruft mich, ihr bekennt mich. Welle und Woge, Sturm und See, Angst und Not, Leid und Tod, Scheiden und Meiden, alles kann ich, so glaubt ihr, überwinden. Das ist Kraft des Glaubens. Ihr Gläubigen, die ihr mir zutraut, mein Wachen werde eure Ruhe und meine Sorge werde euer Leben sein, ihr Gläubigen, die ihr mitten in der Angst der Zeit ruft: „Kyrie", euer Glaube soll euch helfen!

Du Kleingläubiger, warum zweifelst du? So viel Furcht, weil wir noch nicht den Anker in den ewigen Grund gelegt haben! So viel Todesangst, weil wir den Lebensüberwinder noch nicht genug lieben! So viel Fragen an die Zukunft, weil wir die einzige Antwort noch nicht fest im Herzen haben! So viel Unbesonnenheit und Ängstlichkeit und Verzagtheit, als ob Jesus gestorben wäre! Siehe, er hat alle Gewalt im Himmel und auf Erden.

„Gelobt sei Gott und der Vater unseres Herrn Jesus Christus!" Was liegt in dem einen Wörtlein „unseres" für ein Trost! Der Lebensfürst faßt alle Sterbenden zusammen, der Lebensherr sammelt seine Heere, der ewige Überwinder wendet sich an die Kämpfenden und Streitenden und Unterliegenden und spricht: „Ich bin euer, und ihr seid mein!"

Kein blindes Ungefähr, kein tückischer Zufall, sondern in unserem Leben regiert die gewaltige Hand Gottes.

Je mehr du den Mut der Selbstverleugnung hast, desto mehr wirst du innewerden, was Gottes Wille sei, der heilige, reine und vollkommene.

Wachet und nehmt es ernst, und wenn ihr merkt am Abend, daß der Tag euch verklagt, dann ruht nicht eher, bis ihr Friede gemacht habt mit eurem Herrn, mit dem Blut eures Erbarmers! Wachet über euren Glaubensfortgang! Manch eine Seele hat im Frühling mit Freuden geblüht, dann kam der Nachtfrost, und die Blüte fiel ab.

Kommt her mit all dem, was menschlich ist, Sünde und Sorge, Frage und Klage, Zweifel und Glaube, mit allem, was das Leben so beschwert, er kennt es, er weiß es, er trägt es. Komm aber auch her mit all dem, was die Erde froh und schön machen kann, mit den reichen Gedanken, die ein Menschenherz über sich selbst hinwegheben dürfen, mit den schönen Plänen, welche die Seele höher tragen und über sich selber hinausheben; er hat das auch erfahren, auch erlebt; er ist des Menschen Sohn.

Alle eure Sorge, die unscheinbarsten Dinge, die du kaum einem Menschen sagen magst - werfet auf ihn! Hört wohl, nicht tragt sie ihm in wohlgesetzten Worten vor, sondern kommt vor sein Auge mit all dem, was euch ängstigt! Kommt wie ein Wandersmann, der nicht mehr weiterkann, seinen Sack von den Schultern reißt und auf die Erde wirft, daß er frei werde und ausruhen könne. So nehmet ihr eure Sorge, groß und klein, arm und reich, und werfet sie auf ihn!

Dir ist die Wahl gestellt, ob du mit der Wahrheit fallen oder mit der Unwahrheit siegen willst. Menschen sehen nach dem Erfolg, Christus nach dem Recht. Gott schenke uns, daß wir hineindringen in alle reine Gütigkeit, Gerechtigkeit und Wahrheit.

Jesus nimmt nicht die Zweifel übel, wohl aber das Verschweigen. Er zürnt nicht, daß du zweifelst; er zankt nicht, daß du an ihm irre wirst. Aber das würde er dir nicht verzeihen können, wenn du zu stolz wärest, deinen Zweifel zu gestehen, oder zu hoch, gleichgültig und leichtfertig, mit dem Zweifel zu ihm zu nahen.

Gebetsleben

Beten ist nicht eine selten zu übende Feierlichkeit. Beten ist ein täglicher, ja stündlich fortgesetzter Verkehr, das Atmen in der Lebensluft. Ich atme aus alles, was mir mein Herz beschwert; dann atme ich mit vollen Zügen Lebensluft aus den Höhen ein.

Das kann mein Leben nicht ausfüllen, was mir nicht bleibt; das kann nicht die eigentliche Arbeit meines Lebens sein. Die höchste Arbeit meines Lebens ist doch die: Ich bin gekommen, um anzubeten.

Wenn die eine oder andere Seele fragt: „Wie soll ich ihm danken?", so gebe ich zur Antwort: „Habe Zeit für Jesus!" O ist denn wirklich ein Morgengebet so sehr zeitraubend? Du hast doch Zeit, die Zeitung zu lesen. Hast du nicht auch Zeit für deinen Herrn?

Das Gebet ist keine Gewohnheit, nicht plötzliche Aufwallung und Erregung. Gebet ist die fortgesetzte, abgeschlossene, in warmem Verkehr bestehende Rede zwischen Gott und mir. Wie wenn ein Mann zu seinem Freund redet, wie wenn Eheleute über die größten Anliegen sprechen, so redet die Seele mit dem, dem sie sich anvertraut hat.

Ihr Lieben alle, denen durch der Jahre Gewalt und durch die Macht des Leides eine in die Augen fallende Wirksamkeit versagt ist; ihr könnt nicht mehr rege sprechen noch hören, aber ihr könnt beten. Betet doch! Das Gebet des Gerechten vermag viel, wenn es aufrichtig ist, wenn es ernstlich ist.

Betet! Durch Gebete weicht der Staub von der Seele und die Last vom Gewissen und die Angst aus dem Herzen; der Mensch wird frei, die Fesseln fallen zu seinen Füßen nieder. Gebet ist der Zusammenschluß mit dem Erlöser.

In der Nachfolge Jesu

Der Herr ist mein Hirte; führt er mich nicht, wie ich will, so führt er mich doch, wie ich es brauche. Ich möchte gern die Sonne, er gibt mir den Schatten; heute begehre ich Schatten, er bringt mir das Licht. Heute möchte ich starke Speise, er verordnet mir milde; heute möchte ich milde Worte, er gibt strenge. Frei ist jeder, der ein enges Gewissen hat. Je enger dein Gewissen wird, je innerlicher du dich um Jesus sorgst und dir Gewissen machst, desto freier wirst du.

Jeder Christenfuß eignet sich für Jesu Weg und Pfad. Jede Christenart eignet sich für Jesu Wesen und Charakter. Man braucht nicht den Charakter aufzugeben, nicht die Eigenart abzuflachen; man braucht nur das eigene Wollen, das eigene Wesen und die selbstische Art in die Nachfolge Jesu zu stellen. Hier bin ich, mein Wille, Wesen, meine Art; nimm es und mache mich zu deinem Nachfolger!

Das Christentum macht aus einem armen, unscheinbaren Menschen ein Licht und eine Kraft.

Hineingestellt in die Welt der Widersprüche gegen Jesus, hineingeboren in eine stürmische, harte Zeit, wollen wir dem die Treue halten, der uns bis auf unseren heutigen Lebenstag so treu zur Seite stand, und wollen sprechen: Alles für dich, alles dir nach, und wo ich schwach bin, alles durch dich!

Wenn bei dir die Menschen nicht gern einkehren, deine spitzen Reden und deine harten Worte fürchten, dann hast du Jesus nie gekannt. Ihr sollt nicht Zeugen sein, die Kälte und Unnahbarkeit an sich tragen, ihr sollt meine Zeugen sein, die Leutseligkeit und Freundlichkeit besitzen.

Ihr seid Pilgrime, ihr habt kein Bürgerrecht auf Erden; ihr seid hier bloß flüchtige Mieter, Gäste, die jeden Augenblick ausziehen können, mit dem Stab in den Händen, mit den Schuhen an den Füßen als Eilende, weil ihr Herr sie abfordern kann.

Wenn wir uns einmal gehen lassen, so sind das nicht die hohen Augenblicke unseres Lebens, sondern die, deren wir uns später schämen. Wenn wir unseren Stimmungen nachgeben, unseren Launen dienen, weil wir sagen, wir können tun, was wir wollen, so treten die schweren Gestalten in unser Leben ein, die wir mit tausend Bannsprüchen verscheuchen möchten, und sie stellen hart und dreist sich auf unsere Lebenspfade hin. Dann tritt einer in unser Leben ein und spricht: Ich will dich frei machen.

Er sprach, und sein Wort erschien so gering; er bat, und seine Bitte erschien so klein; er suchte und fand nicht; er warb, niemand antwortete ihm; er ging vorüber und hat den Tag mit Mühe zugebracht, und am Abend schien es, als hätte er vergeblich gearbeitet. Aber etliche haben sein Bild ins Herz genommen; einige Frauen sind ihm nachgefolgt und haben ihm mit ihrer Habe gedient. Etliche Männer, Fischer, Zöllner, arme Leute, unscheinbare, ungelehrte, haben das Gewaltige der Armut in sich gefaßt und haben ihn gesehen und gesprochen: Mein Herr und mein Gott!

Du bist so schwermütig; des Christentums höchste Freude, höchste Kraft kommt durch deine Schwermut nicht zum Vorschein. Du hast das Beten verlernt, das Hoffen aufgegeben, und nun verpraßt du deine Kraft in Selbstmitleid, mit dem nie etwas erreicht wird. Enthaltet euch alles des, was eurer Seele den höheren Flug wehrt! Wenn deine Seele auf der Erde kriecht, wenn dein Leib müde einherschreitet, so bitte Gott um neue Kraft, so enthalte dich dieses Selbstmitleids! Die Herzen in die Höhe!

Ihr könnt den Frieden nicht halten, wenn der Nachbar ihn nicht haben will. Aber ihr sollt Frieden halten, solange es an euch ist. Solange der Herr Gelegenheit gibt und deine Seele Gelegenheit findet, sollst du Frieden halten; denn es gibt nichts Höheres auf Erden als den Frieden.

Nicht die Sünde, die ich begangen habe, wird mich einst von Jesus scheiden, sondern das Gute, das ich unterlassen habe.

Wir leben von Gottes Erbarmen, und in einem sollen wir eins werden, daß wir Gottes Erbarmen mehr ehren.

Gott bewahre dich vor dem Hochmut! Hochmut kommt vom Teufel, und das Gegenteil ist Kleinmut, welcher auch vom Teufel ist. Hochmut führt uns auf eine Höhe, von der wir herabfallen; Kleinmut ist der Abgrund, in dem wir nicht mehr atmen können und vergehen.

Als wir Kinder waren, hat die Mutter uns gesagt: „Wenn ihr die Nessel draußen am Wegrand nur mit den Fingerspitzen berührt, wird sie euch sehr wehe tun; wenn ihr sie aber fest anfaßt, brennt sie nicht!" So wollen wir die Brennessel auf unserem Weg, alles Bittere und Schwere, Unangenehme und Harte, Leid und Kummer fest nehmen. Das Kreuz gefaßt, ist halbe Last. Alle Lasten, die da brennen, können die nicht verletzen, die Jesus lieben.

Laßt uns Sonntagsleute in unserem Wesen werden! Jedes einzelne unserer Worte sei wahr, jeder Gedanke sei echt, jedes Gefühl rein, jede Tat ganz. Nichts Großes, aber etwas Echtes, nichts Bedeutungsvolles, aber etwas Ganzes, nicht Helden, aber auch nicht zitternde Persönlichkeiten, nicht Zagende, aber Männer wollen wir sein.

Die Gnade hat ein heiliges, langes, seliges Gestern; die Gnade hat auch ein freundliches, ernstliches Heute; aber die Gnade hat auch ein gewaltiges, entscheidendes und scheidendes Morgen.

Wenn nicht der Grundton unseres Lebens, der eigentliche Akkord unseres Lebensbildes und Lebenswerkes Freude ist, nicht rauschende, lärmende, sondern still gefaßte Freude ist, so ist Christi Geburt nichts für uns. Aber wir danken ihm, daß wir sagen können: „. . . große Freude!"

Wie arm ist der Mensch ohne Jesus, wie reich wird er durch seinen Herrn! Das ist heute meine und deine Buße: Wie reich, wie froh, wie stark könnte ich sein, wenn Jesus in meinem Herzen wäre! Und wie verkümmert und verkrüppelt, arm und gering ist mein Leben ohne ihn!

Um den Abend leuchten nicht bloß die Sterne der Verheißung, noch weniger bloß eine freundliche Abendröte, auf die die Nacht folgt, sondern um den Abend wird es licht, wie dort bei den Emmausjüngern und bei den Jüngern hinter den verschlossenen Türen, da Jesus eintrat und sprach: „Friede sei mit euch!"

Vom ewigen Leben

Wenn man einen Menschen auf sein Gewissen fragen würde, ob er ewig auf dieser Welt bleiben wolle mit allem Schönen, was sie gibt, er würde nicht lange warten und würde erwidern: „Es ist genug, Herr, so nimm denn meine Seele; wir sind nicht besser, als unsere Väter waren." Jeder Mensch erwartet etwas Besseres. Das soll er haben, so gewiß der Herr Christus die Herrlichkeit ihm erwarb.

Jeder Tag ruft uns zu: „Dein Herr kommt näher!" Bei jedem Abendläuten tönt es ins Herz: „Gottlob, ein Schritt zur Ewigkeit ist abermal vollendet!" Mit jedem neuen Morgen wird der Weg kürzer, der dich von deinem Heiland trennt. Wir warten auf den Heiland; er ist der Erlöser, der Verklärer, der Vollender.

Daß Jesus bald kommen wird, ist nicht ein Tändeln mit Gefühlen noch ein Schwelgen mit Gedanken, noch ein Genießen furchtbarer Erregung, sondern wenn er spricht: Ich komme bald! verlangt er, daß das Leben seiner Gläubigen ganz sich ihm unterordne.

Ganz wie ein müdes Kind sich in die Arme der Mutter schmiegt, daß es schlafen möge, und wie ein umtriebener Geist in den Frieden der Heimat zurückkehrt, daß er ruhen möge, so soll deine und meine Seele in ihrer Todesstunde bei Jesus einkehren.

Er wird kommen in seiner Herrlichkeit - nicht wie du es malst, nicht mit holdem Glanz, den du ihm leihst - er wird kommen in seiner Herrlichkeit ganz echt, ganz wahr und ganz rein.

In unserer Todesstunde vergehen alle Bilder, zerrinnen alle Gestalten, auch die treusten und seligsten, gehen dahin die Tröstungen, die uns einst das Herz erquickten, weichen und schweigen die Worte, die uns einst wie Freudengrüße umrauschten; aber die Kraft bleibt, daß einer bei meinem letzten Scheiden hintritt, wenn mir am allerbängsten wird um das Herze sein und meine Schuld vor mir wie eine große Wand aufsteht und niemand mir hilft - eine Kraft bleibt: „Ich habe dich bei deinem Namen gerufen, du bist mein! Ich habe dich mit meinem Blut gewaschen!"

Je mehr ein Mensch sich heiligt, je mehr er das Heimweh in sich pflegt, mit ganzem Ernst dem, was ihn von der Heimat scheidet, widersteht, desto stiller, ernster, fröhlicher wird er. Ein fröhliches Christentum gibt der Herr dem Menschen, der auf die Heimat zugeht. Mit jeder Spanne Zeit komme ich der Heimat näher; mit jedem Schritt Weg komme ich meinem Herrn näher; je mehr ich Hindernisse überwinde, Berge übersteige, durch Täler der Trübsal schreite, je mehr ich mein eigenes Ich in den Tod gebe, desto näher trete ich in die Heimat ein.

Wir warten auf eine wunderbare Gottesstadt, nicht geistlich bloß, nicht in Begriffen liegend, nicht bloß mit dem Denken erreichbar, sondern Leib und Seele sollen sich freuen in dem lebendigen Gott. Wir warten eines neuen Himmels, in dem wir Bürgerrecht haben, und zählen die Tage, bis der Herr Christus kommt. Wann er für die Welt kommt, weiß ich nicht; wann er für mich kommt, werde ich bald sehen. Wann die Weltgeschichte ihr Amen und ihre Vollendung hat, ist uns noch verborgen; daß meine Lebensgeschichte ihrem Ende zugeht, das sagt mir jeder Tag.

Jeden Abend, ehe du dich zur Ruhe legst, denke an den letzten Abend deines Lebens! Sage nicht: Dadurch wird mein Leben beschwert; sage nicht: Dann kann ich mich nicht mehr freuen. Ich erwarte, daß du freudig werdest. Freudig werden kann man nur, wenn man dem Ernst des Sterbens täglich ins Auge sieht, der Gewalt des Gerichts täglich seine Aufmerksamkeit zuwendet, um den Herrn Jesus zu bitten: „Rede, Herr, für mich und verlaß mich nicht in meiner letzten Not!"

Laßt es mich euch bezeugen, wie in Todesnot, wo alles weicht und schweigt, kein anderer Name mehr tröstet als der Name Jesus Christus, hochgelobt in Ewigkeit, der da spricht: „Fürchte dich nicht, ich habe dich erlöst; ich habe dich bei deinem Namen gerufen; du bist mein." So will er die, die ihn kennen, in den Himmel bringen, und in deiner Todesstunde will er dir die Hände auf dein Haupt legen: „Sei getrost, mein Kind, deine Sünden sind dir vergeben", und will mit dem Heimweh, das da Flügel gibt, mit dem Heimatrecht, das die Flügel stärkt, die Heimatfreude geben.

Jesu Name hat auch unserem armen Namen eine Himmelskraft gegeben, daß er nicht verlösche, wenn nun dieses Leben vergeht, sondern so gewiß er uns alles vergeben hat und wir in seinem Namen Frieden gefunden haben, so gewiß leuchtet in seiner Kraft und in seinem Licht unser geringer Name droben beim Vater. Wahrlich ein teurer Name, der solch große Gewalt hat, im Himmel hat und auf Erden erweist!

Der Herzog unserer Seligkeit, der Feldherr unseres Lebens hat mit dem Tod und Teufel und allen Höllengewalten gekämpft und sie besiegt und hat den Sieg ausgeteilt, und du und ich haben ein Bürgerrecht und eine Bürgerrolle in der Gottesstadt. Unser Bürgerrecht - Gott sei Dank, daß wir nicht in die unbegrenzte Weite, in unabsehbare Ferne und unergründliche Tiefe hinab müssen - unser Bürgerrecht ist im Himmel.

Sterben und keinem Menschen genützt haben, von der Welt fortgehen und in keines Menschen Leben eine Lücke gerissen haben, das ist unerträglich. Und ihr tut es, wenn ihr euch nicht aufmacht, den Herrn heute zu bitten: „Dein teurer Name, dein sicherer Name mache mich selig!"

Gelobt sei Gott; daß er für die tiefste Frage des Menschenherzens: „Wo werde ich einst sein, wenn alles mich verläßt?" eine selige und vollbefriedigende Antwort gegeben hat: „Euch ist der Heiland geboren!"

Wenn unser einer stirbt, dann ist entweder er fertig oder das Werk, das ihm befohlen, ist getan. Kein Mensch stirbt, ehe er fertig ist. - Wer denkt an das Werk eines armen Tagelöhners! Wer redet groß von der Arbeit des armen Bauersmannes draußen auf dem Acker! Aber bei Gott, bei dem jede Arbeit, jedes Werk eine ganz andere Bedeutung hat, heißt es: Die Arbeit ist getan, die Aufgabe ist gelöst, mein Knecht kann gehen.

Wenn der Zweifel über Jesus hoch geht und der Spott über ihn durch die Straßen lacht, wenn das Letzte, für das ein Menschenleben leiden und sterben kann, ihm genommen wird, wenn die Hoffnung auf eine Heimat ihm verflüchtigt und die Gewißheit eines Wiedersehens seines Heilands ihm geraubt wird, dann ruft er sehnlicher, ängstlicher: Komme bald!

An unserem Himmel steht nur ein Stern, aber dieser Stern leuchtet und glänzt in alle Ewigkeit: Christus, der Morgenstern! Die Knechte treten zurück, der Herr bleibt. Die Sterne verlöschen, die Sonne scheint. Alles vergeht, damit Jesus bleibe. Hebet eure Augen auf und sehet niemand als Jesus allein!

Inhalt